Fiche de lecture

Document rédigé par Elena Pinaud
Maître en lettres
(Université de Reims)

35 kilos d'espoir

Anna Gavalda

lePetitLittéraire.fr

Rendez-vous sur lePetitLittéraire.fr et découvrez :

- plus de 1200 analyses
- claires et synthétiques
- téléchargeables en 30 secondes
- à imprimer chez soi

Code promo : LPL-PRINT-10

10 % DE RÉDUCTION SUR www.lePetitLitteraire.fr

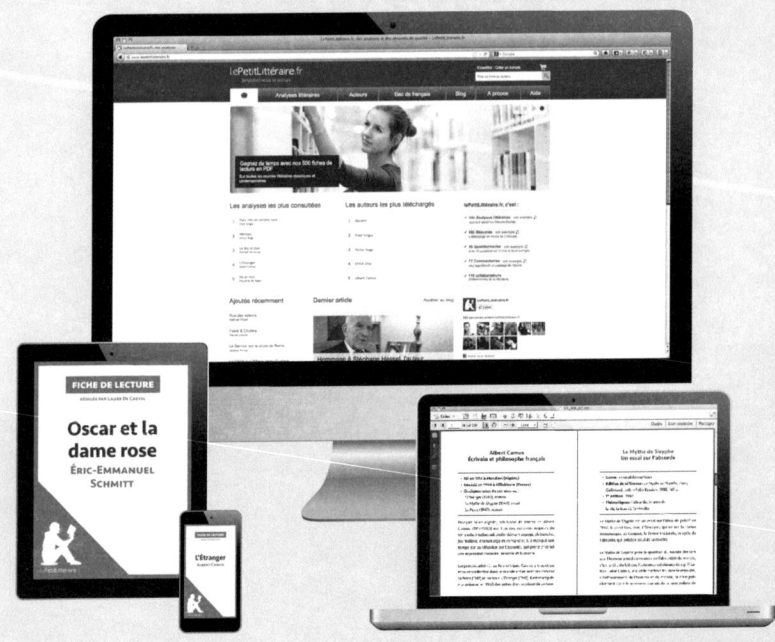

RÉSUMÉ 6

ÉTUDE DES PERSONNAGES 10

Grégoire Dubosc

Léon

Les parents

Marie

CLÉS DE LECTURE 14

L'identification avec le protagoniste

La mise en cause
du système éducatif

La difficulté des relations parents-enfants

La relation
avec les grands-parents

POUR ALLER PLUS LOIN 20

Anna Gavalda
Écrivaine française

- **Née en 1970 à Boulogne-Billancourt**
- **Quelques-unes de ses œuvres :**
  Je l'aimais (2003), roman
  Ensemble, c'est tout (2004), roman
  La Consolante (2008), roman

Anna Gavalda est une femme de lettres française née en 1970 à Boulogne-Billancourt. Après une maitrise de lettres modernes, elle est successivement fleuriste, professeure de français et assistante vétérinaire. Elle reçoit en 1999 le Grand prix RTL-Lire pour son recueil de nouvelles *Je voudrais que quelqu'un m'attende quelque part*. Son premier roman, *Je l'aimais*, est publié en 2003 et est adapté au cinéma par Zabou Breitman, avec Daniel Auteuil dans le rôle principal, en 2009. *Ensemble, c'est tout* parait en 2004 et est un immense succès. Il est adapté au cinéma par Claude Berri en 2007.

35 kilos d'espoir
Un chemin de vie

- **Genre :** roman
- **Édition de référence :** *35 kilos d'espoir*, Paris, Bayard Jeunesse, 2002, 96 p.
- **1re édition :** 2002
- **Thématiques :** système éducatif, relations familiales, confiance en soi, enfance.

35 kilos d'espoir (2002) est un livre pour enfants, mais les adultes peuvent également en faire une lecture très utile, puisqu'on y découvre des choses très intrigantes sur l'univers intérieur d'un enfant. Cette œuvre est en fait le récit à la première personne d'un garçon de 13 ans qui, tout en étant très doué en bricolage et en invention d'outils, n'aime pas du tout l'école et va d'échec en échec. Pourtant, il sait que sans un parcours scolaire élémentaire, il ne pourra pas se créer un chemin dans la vie. Dès lors, comment va-t-il s'y prendre ?

Elle-même mère, Anna Gavalda fait preuve d'une grande capacité d'empathie (faculté intuitive de se mettre à la place d'autrui, de percevoir ce qu'il ressent), en nous rendant fidèlement et avec objectivité les tourments d'un adolescent. Elle est aussi une fine observatrice des réalités sociales et du système d'enseignement.

RÉSUMÉ

Le narrateur, Grégoire, un jeune garçon de 13 ans, commence sa confession par une déclaration radicale : « Je hais l'école. [...] Elle me pourrit la vie. » (p. 7) Il était « heureux » (p. 7) jusqu'à ce qu'il atteigne l'âge d'aller à l'école, moment où sa « vie a déraillé » (p. 9). Selon les médecins, il a un problème de concentration, mais Grégoire sait que le souci vient du fait que « l'école ne l'intéresse pas » (p. 13). Le système scolaire lui fait peur parce qu'il ne se sent pas capable de répondre à ses exigences. Son seul souvenir positif à l'école, c'est une année de maternelle au cours de laquelle son institutrice, Marie, lui a permis de développer son gout pour la création et l'artisanat. Ensuite, aller à l'école est devenu un supplice permanent pour Grégoire, cela se manifestant par des maux de ventre et par des tensions fréquentes dans sa famille. Ses parents, qui sont en instance de divorce, ne parviennent pas à le comprendre et passent leur temps à le sermonner. La seule personne qui le comprend est Léon, son grand-père, qui n'hésite pas à le consoler quand c'est nécessaire, et duquel il se sent proche. C'est d'ailleurs de lui que Grégoire tient ses talents de bricoleur.

La situation empire à la suite de deux renvois. Le premier date du CE2 : Grégoire est renvoyé à la suite de plusieurs incidents survenus lors du cours de sport (« Il faut dire que je déteste le sport presque autant que l'école », p. 23). Le second a lieu en sixième année. Grégoire perd alors un peu le soutien de Léon qui lui fait quand même la morale : « Je n'aime pas les gens qui choisissent la facilité, je n'aime pas les geignards. » (p. 39)

En attendant l'année suivante pour intégrer un autre collège, Grégoire s'occupe : il modifie la table à repasser afin que sa mère puisse repasser assise et il nettoie la tondeuse, qui ne fonctionnait plus, la rendant utilisable, ce qui amadoue ses parents. Il passe également ses vacances à aider un voisin à enlever du papier peint et à tondre la pelouse, travaux pour lesquels il reçoit un petit salaire. Au mois d'aout, ce sont les traditionnelles vacances au bord de la mer avec ses parents : les matins sont consacrés aux devoirs et les après-midis à des activités sur la plage.

Une discussion calme a alors lieu entre lui et ses parents, au cours de laquelle son père lui fait comprendre que, pour pouvoir valoriser ses inventions (notamment des talons amovibles pour que les randonneurs soient en équilibre permanent), il doit avoir au moins un minimum de notions en mathématiques, en économie, en orthographe, etc.

Sa mère continue à chercher activement une école et des dépliants arrivent de partout. Un d'entre eux attire l'attention de Grégoire : il s'agit d'une publicité pour un lycée technique qui affiche une photo d'élèves en train de travailler dans un potager. Il apprend que l'établissement n'accepte les élèves que sur la base de leurs résultats scolaires. Le jeune garçon ne peut donc pas s'inscrire à cause de ses mauvaises notes. Prenant son courage à deux mains, il décide tout de même de contacter le lycée technique en écrivant une lettre dans le but de faire une demande d'admission très personnelle : « Il n'y pas que les notes dans la vie. Je pense qu'il y a aussi la motivation. Je voudrais venir à Grandchamps parce que c'est là que je serais le plus heureux. […] Je pèse 35 kilos d'espoir. » (p. 79-80) Il joint à cette lettre les plans de l'une de ses inventions : une machine à éplucher les bananes.

En septembre, Grégoire rentre au collège Jean-Moulin, qui n'est pas à la hauteur des attentes de sa mère : « Elle disait que je devenais de plus en plus bête chaque jour. » (p. 63) Léon suggère alors aux parents de Grégoire d'envoyer le garçon en pension. Le vieil homme avoue à Grégoire avoir suggéré cette idée car il pense que « prendre de l'air, voir autre chose » (p. 67), loin de ses parents, pourrait l'aider à surmonter ses problèmes scolaires. Le jeune narrateur traverse alors une période de renoncement total et c'est Léon qui l'en sort.

Après les vacances de la Toussaint, Grégoire reçoit deux nouvelles, une bonne et une mauvaise : le lycée de Grandchamps accepte de le recevoir, à condition qu'il réussisse un test, et son grand-père est hospitalisé. Devant les feuilles d'examen, au lycée technique, Grégoire panique, mais il croit entendre la voix de Léon le guidant pour répondre correctement. De retour à la maison, il apprend que son grand-père est dans le coma.

Il est finalement accepté au lycée de Grandchamps, bien qu'il soit le dernier de la classe. C'est sa lettre et son talent en dessin et en travaux manuels qui ont convaincu les professeurs. Peu de temps après son admission au lycée, lors d'un cours de sport, il doit participer à l'épreuve de la corde à nœuds et, pour la réussir, le jeune garçon pense très fort à son grand-père. Il se dit qu'il fait cela pour lui. Grégoire parvient à monter jusqu'au bout de la corde. À partir de ce moment-là, l'image de son grand-père motive toutes ses actions : Grégoire essaie de lui insuffler la vie à travers tout ce qu'il fait. Un jour, sa mère lui annonce que les médecins ont interrompu le traitement, qui se révélait inutile. Grégoire abandonne alors tout élan et laisse tout tomber, jusqu'au jour où on lui annonce que quelqu'un l'attend dans le hall : c'est Léon qui, avec une perfusion au bras et surveillé par un infirmier, est venu encourager son petit-fils.

ÉTUDE DES PERSONNAGES

GRÉGOIRE DUBOSC

Grégoire est un garçon de 13 ans, fils unique, « pas très grand, pas très gros et pas très fort » (p. 23). Il est optimiste, comme le titre le met en évidence : il représente « 35 kilos d'espoir », espoir de vaincre sa haine et sa peur de l'école, et de contenter ses parents, surtout son grand-père, Léon.

Il n'aime pas l'école car il ne se sent pas capable de répondre aux exigences du système scolaire classique (« Mais tu n'es pas aussi abruti qu'on le dit […] !... Si, tu l'es ? – Oui », p. 38). Par contre, il aime bricoler et il est même très doué pour cela : depuis son plus jeune âge, il fabrique des objets pour la maison ou pour son propre plaisir. Le travail physique l'attire et le fascine, comme on le constate à travers les épisodes où il aide son voisin ou son grand-père dans la fabrication de meubles.

En fait, ce qu'il aime faire n'est pas en concordance avec ce qu'on lui demande de faire à l'école, d'où sa situation scolaire catastrophique, ainsi que les tensions avec ses parents (il fait semblant d'avoir moins de devoirs à la maison pour éviter des disputes à la fois avec et entre ses parents) et même avec Léon. Le seul moment où il se sent « heureux, un tout petit peu utile » (p. 27) à l'école, c'est quand il fait le clown au cours de sport et déclenche les rires sincères de ses camarades. En dehors de cela, il se bat souvent pour vaincre ses larmes, puisque ses échecs et les reproches de ses parents l'amènent à croire que sa «vie ne vaut rien» (p. 30). Il réfléchit beaucoup à sa situation et à ses relations avec ses parents: «Je me disais aussi: être ou ne pas être, quelle importance? (comme vous pouvez le constater, je suis une quiche en maths, mais je me défends pas mal en philosophie). » (p. 60)

Sous son apparence irresponsable et insouciante, Grégoire sait parfaitement quel chemin il veut suivre. Il est d'ailleurs capable de prendre son sort entre ses mains, comme il le prouve à ses parents: il contacte lui-même l'école technique et prend seul l'initiative de plaider sa cause.

Il sent qu'une seule personne le comprend et le soutient: Léon, dont il a hérité le talent de bricoleur et d'inventeur. À partir du moment où Léon est dans le coma, Grégoire fait tout en hommage à son grand-père, comme s'il s'imposait toutes sortes de sacrifices censés le sauver. C'est également pour Léon que Grégoire a 35 kilos d'espoir: «Je t'envoie ma force. Je t'envoie ma volonté. [...] L'autre jour, tu m'as envoyé ton savoir, eh bien moi, je t'envoie tout ce que j'ai: ma jeunesse, mon courage, mon souffle, mes petits muscles hargneux. » (p. 106-107)

Finalement, la chance que le lycée technique accorde au jeune homme vient renforcer le commentaire de l'institutrice Marie: «Ce garçon a une tête en forme de passoire, des doigts de fée et un cœur gros comme ça. On devrait réussir à en faire quelque chose. » (p. 17)

LÉON

Le grand-père maternel de Grégoire est un parfait bricoleur, un ancien ingénieur très apprécié et un ancien élève brillant dans toutes les matières. Il fume beaucoup. Par conséquent, il tombe gravement malade, mais le souffle de vie envoyé par son petit-fils le ranime.

Il a le sens de l'humour, mais il n'hésite pas à dire les choses telles qu'elles sont, se montrant très franc par rapport à ses attentes. Il conseille à Grégoire de tout faire pour « être heureux » (p. 40) et de ne plus se poser en fausse victime. En effet, le jeune garçon impute ses échecs scolaires à un manque d'intelligence.

Léon pense que Grégoire a les mêmes qualités que la tortue de la fable de La Fontaine, qui réussit à vaincre le lièvre en rapidité à force d'être « courageuse et vaillante » (p. 36). C'est un homme sage, ainsi que le dénominateur commun de la famille, car il atténue les tensions. Grégoire n'ose se confier et demander de l'aide qu'à lui.

LES PARENTS

Sur le chemin de la séparation, les parents de Grégoire évitent de discuter ouvertement de leurs problèmes de couple et trouvent dans l'échec de leur fils un moyen de se défouler. Grégoire en souffre et culpabilise : « Je me tassais tous les jours un peu plus. Je me disais qu'à force de me faire tout petit comme ça, à force d'essayer de me faire oublier, j'allais peut-être finir par disparaitre. » (p. 41)

Ils l'aiment pourtant (son père ose le lui avouer en le déposant au lycée technique) et ils l'écoutent, mais ils ne prennent conscience des aspirations et des doutes de Grégoire qu'au moment où celui-ci est renvoyé pour la deuxième fois. Avant cela, ils ignorent le fait que leur fils grandit et qu'il est capable de se débrouiller. Léon résume très bien leur situation :

> « Ils ne se rendent pas compte du mal qu'ils te font à tant miser sur toi. Je crois que le mal est plus profond que ça… je crois qu'ils devraient commencer par régler leurs propres problèmes avant de s'exciter sur ton cas… (p. 67)

MARIE

Cette institutrice est le seul souvenir positif que Grégoire conserve de l'école maternelle. Passionnée de bricolage et de travail manuel, elle y mettait tout son cœur. Elle a été la seule à comprendre les dons de Grégoire et à les mettre en valeur. C'est d'ailleurs elle qui l'a révélé à lui-même puisque c'est grâce à elle qu'il a pris conscience de ce qui l'intéressait : « Elle disait qu'une journée réussie était une journée où l'on avait produit quelque chose. [...] C'est à ce moment-là que j'ai compris une chose très simple : rien ne m'intéressait plus au monde que mes mains et ce qu'elles pouvaient fabriquer. » (p. 14-15)

CLÉS DE LECTURE

L'IDENTIFICATION AVEC LE PROTAGONISTE

Les élèves qui n'aiment pas l'école (et, selon Grégoire, ils doivent être assez nombreux), parce qu'ils n'en voient pas l'utilité ou parce qu'elle n'est pas en adéquation avec leurs aspirations, s'identifient au parcours du personnage principal et, par analogie ou en tirant des leçons, peuvent réussir à vaincre leurs appréhensions, dans le but de participer activement à la construction de leur avenir.

Il peut arriver aux enfants de se sentir seuls, incompris ou abandonnés face à leurs difficultés à s'approprier les informations transmises à l'école. Les causes peuvent être multiples:

- les enfants ne font pas assez d'efforts;
- il peut s'agir d'un problème de concentration;
- les professeurs sont parfois trop exigeants et pas suffisamment patients;
- des causes sociales entrent aussi souvent en compte comme le manque de moyens financiers, une situation familiale difficile, le fait de vivre dans un quartier défavorisé, etc.

Les conséquences des problèmes rencontrés par les élèves lors de leur parcours scolaire sont de nature intellectuelle (manque de culture générale, par exemple), mais également sociale (difficulté à s'insérer dans le milieu professionnel) et psychologique (ils peuvent finir par se sentir marginalisés, méprisés ou incapables).

Si les élèves qui ont des difficultés scolaires n'osent pas en parler ouvertement à leur famille, à leurs professeurs ou même à leurs amis, ce livre peut leur offrir un certain réconfort psychologique : ils ne sont plus seuls, puisqu'ils ont un ami, Grégoire, qui est au départ dans la même situation qu'eux. Cet ouvrage peut leur apporter la motivation nécessaire pour dépasser leur timidité, leur claustration, leur manque de confiance en eux ou tout autre problème, par la force de l'exemple : Grégoire a osé demander de l'aide et il est parvenu à trouver sa voie, dans laquelle il excelle.

C'est dans le sujet traité (la relation de l'enfant à l'école) et dans les thèmes adjacents (l'amour, la maladie, le système éducatif, la relation petit-fils/grand-père et la mésentente entre les parents) que réside la force du roman, puisque c'est ce qui en fait un roman-miroir : des familles peuvent s'y retrouver, mieux comprendre leur situation et ainsi essayer de la dépasser.

LA MISE EN CAUSE DU SYSTÈME ÉDUCATIF

À maintes reprises, la non-adéquation entre le parcours scolaire obligatoire dans lequel un enfant se voit plongé, et ses aspirations et ses talents particuliers est mise en relief. À part à la maternelle dans le cas de Grégoire, selon le jeune garçon, l'enfant n'a pas tellement l'occasion de montrer ce dont il est capable. On ne lui explique pas clairement non plus quelles sont les applications pratiques de ce que l'on lui enseigne. Grégoire réussit à les comprendre à force d'échouer, mais les explications sur l'utilité des choses apprises à l'école lui viennent surtout de Léon et de ses parents. Le système scolaire n'encourage pas Grégoire et il ne met pas en valeur ses talents de bricoleur. L'école (à l'exception du lycée technique de Grandchamps) a même un effet destructeur sur le jeune homme, car il se sent marginalisé et incapable.

L'auteure attire aussi l'attention sur la situation de certains établissements scolaires qui se trouvent dans des quartiers en difficulté. Le collège Jean-Moulin se situe dans une zone considérée comme dangereuse : « J'ai abandonné l'idée d'un blouson Timberland parce que je me doutais bien que je ne l'aurais pas gardé très longtemps par ici. » (p. 62) Cette insécurité peut évidemment constituer un frein au désir de certains enfants de se rendre à l'école car ils craignent d'être attaqués.

En outre, toujours au collège Jean-Moulin, les manières d'enseigner ne sont pas efficaces. Même Grégoire a l'impression de ne rien apprendre et est déçu : « J'avais l'impression d'aller dans une espèce de garderie-zoo, où l'on parquait deux mille adolescents du matin jusqu'au soir. Je végétais en permanence. » (p. 63) Il est déçu par les absences répétées de quelques enseignants. D'autres professeurs ne font pas assez d'efforts pour adapter les matières aux besoins des élèves et ne se donnent pas la peine de vérifier le degré d'acquisition des compétences.

Grégoire est également stupéfait par la manière injurieuse avec laquelle certains élèves s'adressent à leurs professeurs, sans qu'ils soient réprimandés. On a l'impression que le fait de se trouver dans un quartier défavorisé vaut à ce lycée d'être ignoré des responsables du système d'enseignement. En conséquence, ce lycée est plutôt une garderie qu'une institution d'enseignement. Même Grégoire, qui pourtant n'aime pas l'école, trouve cela déplorable.

Gavalda transmet en même temps des conseils pédagogiques par le biais de quelques exemples. Elle-même enseignante, l'auteure se montre favorable aux pratiques pédagogiques du lycée de Grandchamps, dont les professeurs, tout en étant objectifs par rapport aux résultats médiocres de Grégoire, savent encourager le jeune garçon et apprécier ses qualités liées au travail manuel, son optimisme et son esprit volontaire. Marie, l'institutrice qui a initié le garçon au bricolage, est un autre exemple de bon pédagogue, qui sait observer, écouter, soutenir ses élèves et les encourager à développer leurs aptitudes.

LA DIFFICULTÉ DES RELATIONS PARENTS-ENFANTS

La maladresse des parents, entre qui des divergences apparaissent, pose aussi problème, d'autant plus que le manque de communication rend souvent plus difficile encore la relation entre les parents qui ont des problèmes de couple et leurs enfants.

Les parents, en tant qu'adultes, ont l'impression que leurs enfants sont trop jeunes ou ignorants pour comprendre la complexité de leurs problèmes. Ils ont donc tendance à les tenir à l'écart et ils ne leur offrent aucune explication. Les enfants interprètent alors les évènements à leur manière. Par contre, les parents extériorisent inconsciemment leurs états d'esprit (mécontentement, nervosité, déception), faisant de leurs enfants les témoins et les victimes de leur souffrance. Les enfants subissent alors les caprices dus à la nervosité des parents, ce qui a un effet néfaste sur leur propre comportement. Grégoire aimerait même disparaitre pour qu'il n'y ait plus de conflits entre ses parents. Il ne comprend pas pourquoi ils continuent à partir en vacances en famille si c'est pour ne pas passer de bons moments ensemble et être contents de revenir à la maison.

Les enfants souffrent donc de ces situations et, comme ils ne voient que les réactions parfois non contrôlées de leurs parents, frôlant la méchanceté, et qu'ils ne reçoivent aucune explication, ils se croient responsables. Ils ont tendance à culpabiliser. Dans le cas de Grégoire, le garçon pense que les problèmes de couple de ses parents viennent de ses échecs scolaires. Dans d'autres cas, les enfants s'imaginent que leurs petites fautes (comme casser un objet ou oublier de faire quelque chose) sont la cause des disputes. La seule solution est de leur expliquer les problèmes tels qu'ils sont et de leur faire comprendre qu'ils ne sont pas fautifs.

LA RELATION AVEC LES GRANDS-PARENTS

Les enfants ont besoin d'être entourés et soutenus dans leurs entreprises et dans leur développement. Parfois, ce sont les grands-parents, et non les parents (comme c'est le cas pour Grégoire), qui se chargent de cette mission. À cet égard, la relation que Grégoire entretient avec son grand-père est significative.

En effet, les grands-parents, forts de la sagesse acquise tout au long de leur vie, comprennent parfois les enfants mieux que leurs propres parents. C'est son grand-père qui fait de Grégoire un être optimiste et qui le pousse à mettre à profit ses 35 kilos d'espoir.

Il est le lien de Grégoire avec monde des adultes et la personne qui lui permet de s'épanouir dans l'univers du bricolage. Ce livre illustre donc, entre autres, le transfert de savoirs entre générations et transmet un message d'espérance : Léon, malade et âgé, charge Grégoire d'assurer la continuité de ses dons de bricoleur et lui insuffle son caractère ; en retour, Grégoire l'aide à vaincre sa maladie. Gavalda souligne l'importance du lien entre ceux qui se trouvent au début et à la fin de l'existence, tant au niveau spirituel qu'au niveau des connaissances.

POUR ALLER PLUS LOIN

ÉDITION DE RÉFÉRENCE

- Gavalda A., *35 kilos d'espoir*, Paris, Bayard Jeunesse, 2002.

SUR LEPETITLITTÉRAIRE.FR

- Fiche de lecture sur *Ensemble, c'est tout* d'Anna Gavalda
- Questionnaire de lecture sur *35 kilos d'espoir*

Retrouvez notre offre complète sur lePetitLittéraire.fr

- des fiches de lectures
- des commentaires littéraires
- des questionnaires de lecture
- des résumés

ANOUILH
- Antigone

AUSTEN
- Orgueil et Préjugés

BALZAC
- Eugénie Grandet
- Le Père Goriot
- Illusions perdues

BARJAVEL
- La Nuit des temps

BEAUMARCHAIS
- Le Mariage de Figaro

BECKETT
- En attendant Godot

BRETON
- Nadja

CAMUS
- La Peste
- Les Justes
- L'Étranger

CARRÈRE
- Limonov

CÉLINE
- Voyage au bout de la nuit

CERVANTÈS
- Don Quichotte de la Manche

CHATEAUBRIAND
- Mémoires d'outre-tombe

CHODERLOS DE LACLOS
- Les Liaisons dangereuses

CHRÉTIEN DE TROYES
- Yvain ou le Chevalier au lion

CHRISTIE
- Dix Petits Nègres

CLAUDEL
- La Petite Fille de Monsieur Linh
- Le Rapport de Brodeck

COELHO
- L'Alchimiste

CONAN DOYLE
- Le Chien des Baskerville

DAI SIJIE
- Balzac et la Petite Tailleuse chinoise

DE GAULLE
- Mémoires de guerre III. Le Salut. 1944-1946

DE VIGAN
- No et moi

DICKER
- La Vérité sur l'affaire Harry Quebert

DIDEROT
- Supplément au Voyage de Bougainville

DUMAS
- Les Trois Mousquetaires

ÉNARD
- Parlez-leur de batailles, de rois et d'éléphants

FERRARI
- Le Sermon sur la chute de Rome

FLAUBERT
- Madame Bovary

FRANK
- Journal d'Anne Frank

FRED VARGAS
- Pars vite et reviens tard

GARY
- La Vie devant soi

GAUDÉ
- La Mort du roi Tsongor
- Le Soleil des Scorta

GAUTIER
- La Morte amoureuse
- Le Capitaine Fracasse

GAVALDA
- 35 kilos d'espoir

GIDE
- Les Faux-Monnayeurs

GIONO
- Le Grand Troupeau
- Le Hussard sur le toit

GIRAUDOUX
- La guerre de Troie n'aura pas lieu

GOLDING
- Sa Majesté des Mouches

GRIMBERT
- Un secret

HEMINGWAY
- Le Vieil Homme et la Mer

HESSEL
- Indignez-vous !

HOMÈRE
- L'Odyssée

HUGO
- Le Dernier Jour d'un condamné
- Les Misérables
- Notre-Dame de Paris

HUXLEY
- Le Meilleur des mondes

IONESCO
- Rhinocéros
- La Cantatrice chauve

JARY
- Ubu roi

JENNI
- L'Art français de la guerre

JOFFO
- Un sac de billes

KAFKA
- La Métamorphose

KEROUAC
- Sur la route

KESSEL
- Le Lion

LARSSON
- Millenium I. Les hommes qui n'aimaient pas les femmes

LE CLÉZIO
- Mondo

LEVI
- Si c'est un homme

LEVY
- Et si c'était vrai…

MAALOUF
- Léon l'Africain

MALRAUX
- La Condition humaine

MARIVAUX
- La Double Inconstance
- Le Jeu de l'amour et du hasard

MARTINEZ
- Du domaine des murmures

MAUPASSANT
- Boule de suif
- Le Horla
- Une vie

MAURIAC
- Le Nœud de vipères

MAURIAC
- Le Sagouin

MÉRIMÉE
- Tamango
- Colomba

MERLE
- La mort est mon métier

MOLIÈRE
- Le Misanthrope
- L'Avare
- Le Bourgeois gentilhomme

MONTAIGNE
- Essais

MORPURGO
- Le Roi Arthur

MUSSET
- Lorenzaccio

MUSSO
- Que serais-je sans toi ?

NOTHOMB
- Stupeur et Tremblements

ORWELL
- La Ferme des animaux
- 1984

PAGNOL
- La Gloire de mon père

PANCOL
- Les Yeux jaunes des crocodiles

PASCAL
- Pensées

PENNAC
- Au bonheur des ogres

POE
- La Chute de la maison Usher

PROUST
- Du côté de chez Swann

QUENEAU
- Zazie dans le métro

QUIGNARD
- Tous les matins du monde

Rabelais
- Gargantua

Racine
- Andromaque
- Britannicus
- Phèdre

Rousseau
- Confessions

Rostand
- Cyrano de Bergerac

Rowling
- Harry Potter à l'école des sorciers

Saint-Exupéry
- Le Petit Prince
- Vol de nuit

Sartre
- Huis clos
- La Nausée
- Les Mouches

Schlink
- Le Liseur

Schmitt
- La Part de l'autre
- Oscar et la Dame rose

Sepulveda
- Le Vieux qui lisait des romans d'amour

Shakespeare
- Roméo et Juliette

Simenon
- Le Chien jaune

Steeman
- L'Assassin habite au 21

Steinbeck
- Des souris et des hommes

Stendhal
- Le Rouge et le Noir

Stevenson
- L'Île au trésor

Süskind
- Le Parfum

Tolstoï
- Anna Karénine

Tournier
- Vendredi ou la Vie sauvage

Toussaint
- Fuir

Uhlman
- L'Ami retrouvé

Verne
- Le Tour du monde en 80 jours
- Vingt mille lieues sous les mers
- Voyage au centre de la terre

Vian
- L'Écume des jours

Voltaire
- Candide

Wells
- La Guerre des mondes

Yourcenar
- Mémoires d'Hadrien

Zola
- Au bonheur des dames
- L'Assommoir
- Germinal

Zweig
- Le Joueur d'échecs

Et beaucoup d'autres sur lePetitLittéraire.fr

© **LePetitLittéraire.fr, 2013. Tous droits réservés.**

www.lepetitlitteraire.fr

ISBN version imprimée : 978-2-8062-2504-7
ISBN version numérique : 978-2-8062-2502-3
Dépôt légal : D/2013/12.603/115